FREI ZECA

MENSAGENS E PRECES PARA A FAMÍLIA

EDITORA SANTUÁRIO

Dados Internacionais de Catalogação na Publicação (CIP) de acordo com ISBD

F862m Frei Zeca

Mensagens e preces para a família / Frei Zeca. - Aparecida : Editora Santuário, 2023.
88 p. ; 14cm x 21cm.

Inclui índice.
ISBN: 978-65-5527-341-0

1. Religião. 2. Cristianismo. 3. Preces. I. Título.

CDD 240
2023-1523 CDU 24

Elaborado por Odilio Hilario Moreira Junior - CRB-8/9949

Índice para catálogo sistemático:
1. Religião : Cristianismo 240
2. Religião : Cristianismo 24

1ª impressão

Rua Pe. Claro Monteiro, 342 – 12570-045 – Aparecida-SP
Tel.: 12 3104-2000 – Televendas: 0800 - 0 16 00 04
www.editorasantuario.com.br
vendas@editorasantuario.com.br

AGRADECIMENTO

Agradeço e bendigo a Deus ter me chamado à vida, ter me dado um homem, a quem pudesse chamar de **PAPAI**, uma mulher, para chamar de **MAMÃE**, e outros frutos desse amor para chamar de **irmãos, manos e manas**. É uma graça imensa que faz de nós não um grupo de pessoas, mas uma **família**.

Agradeço especialmente a minha família e às incontáveis famílias que, pelo exercício de meu ministério sacerdotal, pude conhecer e com elas me enriquecer por tudo que delas recebi. Elas se tornaram uma extensão de minha família, o cêntuplo que Jesus me prometeu por deixar tudo para segui-lo.

Passe o tempo que passar, apesar de tudo que aí está e do que vier, creio que os homens nunca deixarão de proclamar: É bom ter família!

DEDICO ESTE LIVRO

À FAMÍLIA e a todas as pessoas que, dentro da Igreja, se entregam ao trabalho pastoral em favor dessa instituição sagrada, que, desde os primórdios da criação, tem sido parceira de Deus na geração de nossa existência. A família é presépio e berço da humanidade. É nossa primeira Igreja, nossa primeira escola e o lugar mais seguro onde nos preparamos para nos lançarmos no voo da vida.

Apesar de tão banalizada, descreditada e agredida, ela resiste, e, por causa dela, a humanidade ainda tem esperança. A família nunca se acabará, porque é feita de amor e para o amor. Deus quis uma família na terra para seu Filho Jesus, a fim de nos fazer entender e crer que, em seu Reino Celeste, seremos família para sempre.

APRESENTAÇÃO

Este livro não é um compêndio de normas para a família, tampouco tem o rigor científico ou sociológico. Porém possui um embasamento bíblico, que julgo ser bastante iluminador e necessário.

Como é bonito perscrutar as Escrituras e, nelas, encontrar textos maravilhosos, formadores e iluminadores para a família. Isso nos faz entender e acreditar que ela nasceu do coração de Deus, uma vez que Ele próprio é família trinitária, em comunhão perfeita.

E, se encontramos na Bíblia tantas referências à família, é para que seja conduzida, segundo a vontade de Deus, e permaneça fiel à missão que Ele lhe confiou: ser Santuário da vida, Igreja doméstica, ocupada e preocupada em manter intocável, em seus membros, a imagem e semelhança do Criador.

Que este livro alcance seu objetivo: ser uma centelha de luz em todos os lares aos quais ele puder chegar. E que Deus abençoe poderosamente você e sua família!

Paz e Bem!

1

Deus não criou a solidão

A Palavra de Deus iluminando a família

O Senhor Deus disse: "Não é bom que o homem esteja sozinho. Quero fazer para ele uma ajuda que lhe seja adequada". O senhor Deus fez cair em um torpor o homem, que adormeceu, tomou uma de suas costelas e voltou a fechar a carne no lugar dela. O Senhor Deus transformou a costela que tirara do homem em uma mulher e levou-a até ele. O homem exclamou: "Eis, desta vez, o osso de meus ossos e carne de minha carne! Ela se chamará humana, pois do humano foi tirada", por isso o homem deixa seu pai e sua mãe para ligar-se a sua mulher, e tornam-se uma só carne.

(Gn 2,18.21-24)

LUZ SOBRE A FAMÍLIA

"Não é bom que o homem esteja só!" Essa é a conclusão de Deus, depois de contemplar o homem Adão, sozinho, no paraíso. E deu-lhe uma companheira, Eva, a mulher, a mãe de todos os viventes.

Definitivamente podemos compreender, depois desse olhar de Deus sobre o homem, que a vida humana é, desde sempre, um clamor por companhia. Necessitamos da presença de outro coração ou de outros corações que pulsem junto ao nosso.

Deus deu ao homem uma companheira, uma auxiliar, não uma serva: osso de seus ossos, carne de sua carne, "um pedaço" de si, tirado de muito perto do coração.

O amor que une um homem e uma mulher se torna sacramento e faz deles uma só carne, um só corpo, uma só alma. Grande mistério que expressa o amor de Deus, que os criou a sua imagem e semelhança, transformando-os em sacramentos de sua presença no mundo.

Neste mundo onde homem e mulher se instrumentalizam e são instrumentalizados, como você, esposo, vê sua esposa? Ela é para você um precioso complemento para sua vida, uma auxiliar e companheira? Ou uma serva que lhe facilita a vida?

E você, mulher, vê e compreende seu esposo de acordo com o olhar de Deus, expresso no início da criação?

E vocês, marido e mulher, sentem-se um só corpo e uma só alma, unidos indissoluvelmente pelo amor?

Para refletir...

"A solidão é um bom lugar para se visitar apenas de vez em quando e não para ser tomada como morada fixa." *(Frei Zeca)*

ORAÇÃO DO FACE A FACE

Obrigado, Senhor, porque criastes a vida com sede de companhia e comunhão, para que o homem e a mulher não se bastassem a si mesmos. Na ternura do face a face, por causa da singular experiência da amizade ou da fascinante descoberta do amor, homem e mulher se transformam em seres capazes de oferecer o melhor de si, mas também são carentes do melhor de alguém. Depois dessa descoberta, o coração lhes diz que não podem ser felizes senão ao lado um do outro, na comunhão de corpo e alma, de sonhos e realizações, de alegrias e dores, de batalhas e conquistas, de horizontes comuns e de frutos grados no amor.

Sim, Senhor, a descoberta do amor é a única e mais imprescindível de todas as descobertas.

Abençoai todos os jovens enamorados, para que não enganem a si mesmos e para que cheguem, sem nenhum engano, à descoberta do amor que desejam.

Abençoai os casais que já sacramentaram o amor para que nunca mais padeçam de solidão e, na comunhão entre si, experimentem a comunhão convosco!

Amém!

2

A família ideal

A Palavra de Deus iluminando a família

A mulher de valor, quem a encontrará? Ela é muito mais preciosa que as joias. Seu marido confia nela plenamente e não precisa de outros recursos. Ela lhe proporciona sempre alegria, nunca desgosto, todos os dias de sua vida.

Fortaleza e dignidade são seus adornos; ela sorri para o futuro.

Abre a boca para a sabedoria, e uma instrução bondosa está em sua língua.

Seus filhos levantam-se para felicitá-la, e seu marido para fazer-lhe elogios: "são muitas as mulheres de valor, mas tu ultrapassaste a todas".

O encanto é enganador, e a beleza, passageira; a mulher que teme o Senhor, essa sim, merece elogios!

(Pv 31,10-12.25-26.28-31)

LUZ SOBRE A FAMÍLIA

"A mulher ideal, quem a encontrará?" Essa pergunta está grávida de outra: "o homem ideal, quem o encontrará?"

A mulher ideal é mais preciosa que joias. É digna de confiança. É fonte de alegria. É forte, sábia, bondosa, capaz de instruir e cheia de temor de Deus. Esses atributos não são dispensáveis para o homem, esposo e pai. Ao contrário, são indispensáveis ao esposo e à esposa.

Que homem não procura a mulher ideal? E que mulher não sonha com o homem ideal? Que pais não desejam filhos ideais? E que filhos não almejam pais ideais?

E assim, para pais e filhos, a vida se reveste de um grande desfio: cada um deve esforçar-se ao máximo para viver dentro das margens desse ideal, a tal ponto que, tendo todos semeado com generosidade, a felicidade seja colhida com fartura e repartida com generosidade ainda maior.

Todos os dias pais e filhos podem fazer a si mesmos este questionamento: estou sendo uma mulher, esposa e mãe ideal? Estou sendo um homem, esposo e pai ideal? Estou sendo um(a) filho(a) ideal?

O modelo que se busca atingir é sempre estabelecido pela sobriedade de quem já pode descobrir que não é possível ser feliz sozinho. A mulher ideal, o homem ideal e o filho ideal são aqueles cuja vida se torna fonte de serviço e de felicidade para os outros. Há maior alegria em oferecer do que em esperar receber, porque reter é perecer.

Para refletir...

"Amar alguém significa ser o único a ver um milagre invisível aos outros!" *(François Mauriac)*

ORAÇÃO DA DESCOBERTA DO AMOR

Pai de amor, a família está em crise, porque há muitos casais que se separam por motivos banais: riqueza de um e pobreza do outro; diferença de "gênios"; cor da pele; diferença de idade; religião.

Adolescentes e jovens, homens e mulheres se jogam mais de corpo e alma na descoberta do (a) companheiro (a) ideal. E a maioria colhe a frustração, porque se esquece de que muito mais importante que descobrir o cônjuge ideal é descobrir o ideal do amor.

Sim, Pai, ajudai-os a compreenderem que só o amor é o único modelo e que, nele, todas as diferenças podem ser minimizadas, porque nada pode ser maior que o amor, que deve ser descoberto mais com os olhos da alma do que com os desejos do corpo.

Abençoai todas as pessoas que estão buscando alguém para despedir a solidão. Que antes de buscar alguém ideal, tenham em si o ideal do amor; que, ao encontrar esse alguém, o amor mesmo os torne ideais um para outro.

Amém!

3

Fidelidade

A Palavra de Deus iluminando a família

Há outra coisa que fazeis: vós cobris de lágrimas, de choro e gemidos o altar do Senhor, porque não mais me interesso pelas oferendas nem aceito os presentes de vossas mãos. E perguntais: por que isso?

Porque o Senhor é vigia entre ti e a mulher de tua juventude, a quem traíste. Ela é tua companheira, a esposa com a qual tens compromisso.

E Ele não fez dos dois uma só unidade de carne espírito? E para que essa unidade? Para conseguir uma descendência que seja de Deus.

Vigiai vossos impulsos para não serdes infiéis à esposa de vossa juventude. Eu odeio o costume de repudiar a esposa, diz o Senhor Deus de Israel. É cobrir de crime o próprio manto, diz o Senhor dos exércitos.

Vigiai vossos impulsos para não serdes infiéis.

(Ml 2,13-16)

Um esposo fiel não tem preço, porque, em seu coração, o amor é guardado a sete chaves. E, por esse amor, não ousa trair aquela que o amor lhe deu como companheira e é feliz!

Sim! É feliz por ser fiel! Felicidade rima com fidelidade. As pessoas infiéis não são felizes, porque trair é uma atitude de quem ainda não desposou a felicidade. Trair é pisar o amor, ferir a própria dignidade e oferecer amargura ao coração de alguém que se fez companhia esperando amor recíproco.

É tão terrível a infidelidade que chega a ferir o próprio Deus, que, por ser fonte de comunhão, faz do homem e da mulher uma unidade de carne e espírito, uma só carne, um só coração.

Deus é fiel e rico de graças e bênçãos para quem faz da fidelidade não um peso, mas sim uma leveza, que inspira amar até as últimas consequências.

Para refletir...

"A tragédia da vida não é os homens morrerem, mas não amarem!" *(William Somerset Maugham)*

ORAÇÃO DOS ESPOSOS

Senhor, a vida nos apontou o mesmo caminho para seguirmos lado a lado. E, tendo nos encontrado, o amor também nos escolheu, elegeu-nos e nos quis unidos para sempre.

Por vossa vontade e com vossa bênção, desposamo-nos um ao outro e nos tornamos um só coração e uma só alma.

Ajudai-nos, ó Pai, a sermos fiéis ao que juramos, diante de vós e da Igreja: permanecermos fiéis, sermos cumpridores de nossos deveres de esposos e de nossa missão de pai e mãe.

Obrigado, porque, na companhia um do outro, sentimo-nos mais fortes, abrigados da solidão, solidários nas dores e nas alegrias, sempre prontos a testemunhar para nossos filhos e para todas as pessoas que valeu a pena ter dito nosso SIM ao amor.

Com vossa graça, Senhor, queremos permanecer unidos para sempre.

Amém!

4

Aprender com os mais velhos

A Palavra de Deus iluminando a família

Busca o conselho de toda pessoa sensata e não desprezes nenhum conselho salutar. Bendize ao Senhor Deus em todas as circunstâncias, pede-lhe que dirija teus caminhos e que cheguem a bom termo todas as tuas veredas e todos os teus projetos, pois nem toda nação possui sabedoria.

É o Senhor que lhes dá o dom de desejar o bem. Segundo seu beneplácito, Ele exalta ou rebaixa até o fundo da mansão dos mortos.

Portanto, meu filho, lembra-te desses mandamentos e não permitas que se apaguem de teu coração.

Não te preocupes, filho, se ficamos pobres. Tens uma grande riqueza se temes a Deus, se evitas toda espécie de pecado e se fazes o que agrada teu Deus.

(Tb 4,19-21)

LUZ SOBRE A FAMÍLIA

Que bonito encontrarmos na Palavra Divina sábios conselhos de um pai para seu filho, como nesse texto em que o Pai Tobit aconselha seu filho Tobias. Conselhos iluminadores, que, se acolhidos, tornam-se setas indicadoras para o caminho que o filho haverá de seguir ao edificar cada um a própria vida. Conselhos para uma vida de fé, de retidão e de fidelidade à aliança com Deus. Um tesouro mais precioso que os bens deste mundo.

Aqui o velho Pai Tobit aconselha seu filho Tobias a bendizer ao Senhor em todas as circunstâncias da vida: na alegria e na tristeza, na saúde e na doença, na tempestade e na bonança, na fartura e na penúria, na companhia e na solidão, na juventude e na velhice. Você é capaz disso?

Deixar-se guiar por Deus em todos os caminhos, confiando-lhe todas as iniciativas e todos os projetos. Tomá-lo como a maior riqueza que podemos ter em nossa existência. Não extinguir do coração seus mandamentos e aplicar-se em fazer dele a vontade. Está cada vez mais raro neste mundo encontrarmos pais capazes de dar a seus filhos essas instruções ou esses ensinamentos.

Nosso mundo supervaloriza e idolatra os bens que passam, os tesouros que as traças podem corroer e que os ladrões podem facilmente roubar e despreza os valores perenes.

Felizes os filhos que guardam e praticam o sábio e santo ensinamento de fazer de Deus a mais preciosa riqueza. Tê-lo como único Senhor é ter tudo, a ponto de não sentir falta de nada. Ter tudo, sem Ele, é ser demasiadamente pobre, a ponto de comprometer a felicidade eterna.

Se os pais, hoje, não forem capazes de formar seus filhos segundo os preceitos de Deus, o que estes poderão ensinar-lhes amanhã? O que podemos esperar das novas gerações?

Para refletir...

"Se colocardes Deus em tudo o que fizerdes, encontrá-lo-eis em tudo o que vos suceder."

(Vladimir Ghika)

ORAÇÃO PARA TER FILHOS FELIZES

Bendito sejais, Senhor, pelos pais iluminados pela fé que ainda conseguem iluminar e conduzir a vida de seus filhos para mais perto de vós.

Louvado sejais, Senhor, pelos pais que conseguem colocar no coração de seus filhos que a maior riqueza que se pode ter é vossa presença em um coração cheio de amor e fé; um coração sábio que não se deixa enganar pelas passageiras ilusões que este mundo oferece; um coração que se enriquece com os valores de vosso Reino e que se aquece com a luz de vossa palavra.

Abençoai, Senhor, todos os pais, para que sejam capazes de enriquecer seus filhos com os verdadeiros tesouros da fé, do amor e da paz. Que eles cresçam felizes e ajudem seus pais a serem também felizes em todos os seus dias.

Abençoai, Senhor, todos os filhos, para que conservem no coração vossos mandamentos e sabiamente saibam viver, sem deixar que o mundo, nada e ninguém lhes roubem o sagrado direito e também o sagrado dever de serem alegres. Que eles façam de vós, Senhor e Pai, o caminho seguro e a maior riqueza.

Amém!

5

Família, lugar onde Deus mora

A Palavra de Deus iluminando a família

Então Tobias levantou-se do leito e disse a Sara: "Levanta-te, minha irmã! Oremos e peçamos a nosso Senhor que tenha compaixão de nós e nos salve". Ela se levantou, e começaram a orar e a pedir para obterem salvação.

Ele começou dizendo: "Bendito seja tu, Deus de nossos pais, e bendito seja teu nome por todos os séculos".

Tu criaste Adão e para ele criaste Eva, sua mulher, para que de ambos derivasse uma raça humana. Tu mesmo disseste: "Não é bom que o homem fique só. Façamos-lhe uma auxiliar semelhante a ele".

E, agora, não é por desejo impuro que tomo esta minha irmã, mas com reta intenção.

Digna-te ter piedade de mim e dela e conduzir-nos juntos a uma idade avançada. E "disseram em coro: amém, amém".

(Tb 8,4b-8)

LUZ SOBRE A FAMÍLIA

Felizes os esposos que concebem a edificação do lar como uma Igreja doméstica, lugar de Deus, santuário da vida. E, se é lugar de Deus, inspira oração e encontro na reciprocidade do amor.

Felizes os esposos que fazem da cama seu "altar". E ali dialogam, perdoam-se, entregam-se, dobram os joelhos em preces e se tornam fortes, orando.

Felizes os esposos que se amam para além do corpo e dos apelos do sexo e que, na bênção da mútua companhia, completam-se e se protegem da solidão, cada um procurando fazer o outro mais que a si mesmo.

Felizes os casais que, unidos, iluminados, fiéis e abençoados pelo amor, pedem a Deus a graça de serem conduzidos ao poente da existência humana, quando o amor assumido, vivido e consumado será para eles a chave que lhes abrirá as portas da eternidade, reino do amor sem ocaso, desde sempre para eles preparado.

Para refletir...

"Ser genial no amor é saber conservar na união uma perpétua novidade." *(André Maurois)*

ORAÇÃO PARA A VIDA A DOIS

Senhor, é tão bonita essa página bíblica que nos mostra Tobias e Sara derramando a alma em oração diante de vós, bem antes de se darem um ao outro como esposo e esposa.

Ajudai os namorados a entenderem que a oração pode ajudá-los a se conhecerem na profundidade da alma e do ser, porque a grande maioria, hoje, conhece-se apenas na superficialidade das emoções do corpo.

Que os casais compreendam que a oração, na vida a dois, é a força que pode ajudá-los a derramarem perdão nas situações conflitantes e encontrarem a luz quando tudo parecer escuro; a descobrirem a sabedoria e o equilíbrio na formação e educação de seus filhos.

Que tudo, absolutamente tudo, na vida dos casais que se amam, seja uma oração bonita desde as batalhas comuns do dia a dia até a relação de corpos, como gestos celebrativos do amor que os uniu.

Que os casais elevem a vós a oração da vida e vivam a vida como oração.

Amém!

6

A União Matrimonial

A Palavra de Deus iluminando a família

Então Raguel se levantou, entregou a Tobias sua mulher Sara e a metade de todos os seus bens: servos e servas, bois e carneiros, jumentos e camelos, vestes, prata e utensílios. E deixou-os partir contentes. Ao se despedir de Tobias, disse: "Felicidades, filho, e boa viagem!"

Que o Senhor do céu vos guie, a ti e a tua mulher, Sara, pelo bom caminho, e que eu possa ver vossos filhos antes de morrer.

Para sua filha Sara disse: "Vai para casa de teu sogro, pois doravante eles são teus pais, como os que te deram a vida. Vai em paz, filha". E saudando-os, despediu-se deles.

Edna disse a Tobias: "Filho e irmão caríssimo, que o Senhor te traga de volta e que eu viva até ver os filhos teus e de minha filha Sara, antes de morrer. Na presença do Senhor, confio-te minha filha Sara em tutela; não lhe causes tristeza em todos os dias de tua vida. Vai em paz, filho.

A partir de hoje, sou tua mãe, e Sara é tua irmã. Oxalá pudéssemos viver todos juntos e felizes por todos os dias de nossa vida".

E beijando os dois, deixou-os partir felizes.

(Tb 10,10-12)

LUZ SOBRE A FAMÍLIA

À luz da palavra divina, podemos entender como é misteriosa, profunda, sagrada e completa a união de duas almas diante do altar do Senhor.

Ali há o encontro de duas famílias em torno das vidas de um filho e uma filha. O mesmo amor que os uniu une também famílias diferentes que doravante se tornam uma só família. Dessa união brota um desejo forte que se torna na verdade a bênção que pais e mães desejam aos noivos: filhos, saúde, paz, proteção divina, vida longa, fidelidade, prosperidade, amor para sempre e um lar abençoado e feliz.

Que gesto nobre e bonito o de um pai e uma mãe que, na liberdade do amor, entregam um filho ou uma filha como o dom mais especial que puderam gerar, para que, com as bênçãos do céu, lancem os fundamentos de um novo lar ao lado do cônjuge que o amor lhe deu para ser feliz. Os pais que fazem assim compreendem que o amor não gera para reter, mas sempre para oferecer.

A união matrimonial, de alguma forma, também significa o casamento de duas famílias. Pais que de forma mútua recebem mais um(a) filho(a). E se confraternizam, desejando aquela bênção bíblica que se traduz na esperança de ver os netos chegarem para darem aos avós do lado de cá e de lá um novo sopro de vida e de alegria.

Para refletir...

"Somos todos anjos de uma só asa. Se quisermos voar, temos de nos abraçar!" *(Luciano de Crescenzo)*

PRECE DO PAI PELOS FILHOS

Senhor, escutai minha prece de pai!

É prece de louvor e agradecimento pelos filhos que destes a minha missão paterna.

Eles não puderam me escolher como pai.

Ajudai-me, então, a ser o pai que merecem.

Um pai que encontre seu exemplo e modelo em José, o pai adotivo do menino Jesus, um homem bom e justo, temente a vosso nome, trabalhador, humilde, fiel ao amor da esposa, sensível às necessidades dos filhos e capaz de oferecer ternura.

É assim que desejo ser esposo e pai.

Cobri de bênçãos meus filhos, para que, com meus cuidados paternos e com vossa constante proteção, sejam preservados de todo o mal e nunca se afastem de vosso caminho.

Que em meu jeito de ser pai, eles descubram vosso rosto misterioso.

E permiti, Senhor, descobrir neles aquela alegria que tem gosto de céu, privilégio somente de quem recebeu de vós a graça maravilhosa de ser pai.

Amém!

7

A força dos exemplos

A Palavra de Deus iluminando a família

Meu filho, escuta minhas palavras e dá ouvido a minhas sentenças. Que elas não se afastem de teus olhos: pelo contrário, guarda-as no fundo do coração: elas são vida para os que a encontram e saúde para todo o seu corpo.

Com todo cuidado, guarda teu coração, pois dele procede a vida.

Afasta de ti a boca perversa, e lábios maldizentes estejam longe de ti.

Teus olhos olhem o que é reto, e tuas pálpebras se dirijam para frente.

Observa a vereda de teus pés, e todos os teus passos serão seguros.

Não te desvies para a direita e nem para a esquerda, mas afasta do mal teus pés.

(Pv 4,20-27)

LUZ SOBRE A FAMÍLIA

O mundo está cansado de saber que as palavras passam e se vão com o vento e com o tempo.

Bem-aventurado o pai que ensina com os exemplos, que arrastam, convencem, formam e edificam. Palavras apenas seduzem os ouvidos, exemplos conquistam o coração, curam por dentro, tornam-se uma luz interior que ajuda um filho a manter-se íntegro, puro, dócil ao Espírito de Deus. E só assim poderá manter-se afastado do mal e, no caminho do bem, encontrará segurança para todos os seus passos.

Feliz o pai que bebe na fonte da palavra de Deus, para oferecer a seus filhos muito mais que palavras humanas, e que consegue fazer de sua vida e missão paterna a melhor escola e a mais preciosa herança para os filhos que Deus lhe deu.

Feliz um filho que jamais esquece um pai assim!

Para refletir...

"Se na terra reinasse o amor, poderíamos dispensar todas as leis." *(Aristóteles)*

ORAÇÃO PELOS PAIS E FILHOS

Senhor, quando se trata de educar e orientar os filhos, já se ouve dizer que os dias de hoje são bem mais difíceis que de algum tempo atrás.

A nova geração que aí está parece ter perdido a referência das figuras do pai e da mãe.

Há crianças, adolescentes e jovens tomados por uma rebeldia assustadora, por uma falta de solidariedade e de liberdade responsável. O diálogo é insuficiente para colocar as coisas no lugar.

O mundo das imagens toma o lugar do diálogo aberto. As drogas são um perigo constante. O mundo, novidadeiro e atraente, oferece mil novidades com extrema facilidade, com promessas de felicidade imediata. Tudo ao alcance dos olhos e das mãos.

As exigências da vida em família e os apelos dos pais soam como caretice.

Fé e religião se tornam obsoletas, uma perda de tempo para quem quer desbravar um mundo sem portas e trilhar "caminhos" mais largos, sem tabus e proibições.

Jovens se perdem. Famílias se quebram. Pais estão sem autoridade. Religião, esquecida. Fé se apaga.

Senhor, abençoai os pais, para que não abandonem sua missão. Ajudai-os a incutir em seus filhos o valor sagrado da família, da religião e da fé.

Iluminai-os para que encontrem palavras certas e o jeito certo de conquistar o amor e o coração de seus filhos, a fim de que o mundo não os roube nunca da família e da Igreja.

Amém!

8

A alegria dos pais

A Palavra de Deus iluminando a família

Escuta teu pai, que te gerou, e não desprezes tua mãe envelhecida.

Adquire a verdade, mas não a vendas; adquire a sabedoria e a instrução e o entendimento.

Alegra-se intensamente o pai do justo: Quem gerou um sábio nele se alegrará.

Alegrem-se teu pai e tua mãe, regozije-se aquela que te gerou.

(Pv 23,22-25)

LUZ SOBRE A FAMÍLIA

Pais e filhos são mais felizes quando se tornam causa de alegria uns para os outros. Alegria repartida é felicidade multiplicada.

Pai e mãe encontram uma alegria imensa, indescritível, quando nasce para eles um filho. Não se cabem de felicidade! Sentem no pequenino ser um recado de Deus, um presente misterioso, que só o amor sabe explicar.

Ao longo da vida, os pais seguem bebendo alegrias nas conquistas dos filhos: primeira eucaristia, crisma, formaturas, primeiro emprego, namoro, casamento e ainda mais quando chegam os filhos de seus filhos.

Isso confere veracidade à palavra divina: "Alegra-se intensamente o pai do justo: quem gerou um sábio nele se alegrará".

Os filhos se tornam mais fortes e mais felizes quando podem beber muitas alegrias na fonte da vida de seus pais, a ponto de sentirem deles um "benfazejo e santo orgulho". Isso faz tão bem! Pena que esteja se tornando um pouco raro.

Para refletir...

"Amar é fazer o outro compreender que ele é belo e precioso." *(Jean Vanier)*

ORAÇÃO DA MÃE PELOS FILHOS

Senhor meu Deus, que mulher não vos agradeceria a graça imensa de ser mãe?

Louvado sejais pelos meus filhos, frutos benditos do ventre fecundo que me destes.

Eles enchem minha vida de alegria!

Vivo por eles e isso não me é pesado, porque é próprio do amor dar a vida.

Sou feliz por vê-los crescer na segurança de nosso humilde lar.

É curioso e também temeroso perceber suas tentativas de voar para fora do "ninho", não por rebeldia, mas por estarem descobrindo passo a passo o sagrado dom da liberdade.

Ajudai-me, Senhor, a amá-los sem sufocar, a educá-los para uma liberdade responsável.

Quero ser para eles sal e luz, testemunha de fé, para que se tornem adultos equilibrados, capazes de caminhar com os pés no chão, sem tirar o coração de vossas mãos.

Abençoai meus filhos, Senhor!

Guardai-os em seus caminhos e projetos!

E ajudai-me a ser mãe na profundidade que a missão materna exige.

Amém!

9

A melhor herança

A Palavra de Deus iluminando a família

Tobit chamou seu filho Tobias para junto de si e assim falou: "Quando eu morrer, dar-me-ás uma digna sepultura; honra tua mãe e não a abandones em nenhum dia de tua vida; faze o que lhe agrada e não lhe sejas causa de tristeza alguma. Lembra-te, meu filho, de tantos perigos que correu por tua causa, quando te trazia no seio. E, quando ela morrer, sepulta-a junto de mim, no mesmo túmulo".

Meu filho, lembra-te do Senhor todos os dias e não queiras pecar nem transgredir seus mandamentos.

Pratica a justiça todos os dias de tua vida e não andes pelos caminhos da injustiça. Pois, se agires conforme a verdade, terás êxito em todas as tuas ações, como todos os que praticam a justiça.

(Tb 4,3-6)

LUZ SOBRE A FAMÍLIA

Felizes os pais que descobrem a tempo que a herança mais preciosa a ser deixada para seus filhos não são os bens materiais abundantes, mas a religião e um baú de princípios e valores que as traças não corroem e os ladrões não roubam.

É sobre a religião, isto é, sobre a fé e os valores perenes que a vida pode ser edificada com sentido e segurança.

Está ficando cada vez mais comprovado que "herança material" é aquilo que os mortos deixam para os vivos se matarem. As brigas por bens começam ainda durante o velório.

Felizes os pais que deixam como herança o estudo e a formação, o rastro luminoso e os exemplos de uma vida vivida à luz da fé, no caminho do amor, da felicidade, da honradez, da liberdade responsável, da fraternidade solidária, do trabalho, da oração, da cidadania bem exercida e do amor pela família.

Deixar uma herança assim é sinal de ter vivido bem e de que se pode partir em paz deste mundo, porque mesmo depois da partida, sua vida continuará sendo uma escola de muitos e preciosos ensinamentos para os filhos, afinal um homem se eterniza quando suas boas obras e seu conteúdo de vida permanecem.

Você que é pai está preocupado em deixar que tipo de herança para seus filhos? Até o presente momento de sua existência, que valores você já conseguiu incutir no coração deles?

Para refletir...

"Herança material é aquilo que os mortos deixam para os vivos se matarem!"

PRECE DE UM FILHO PELA MÃE

Olá, Deus! Aprendi um dia desses que sois Pai, mas tendes coração de mãe.

É por isso que entendo e acredito que sois infinito na ternura para com todos, santos e pecadores, bons e maus.

Com tanta ternura assim, fica fácil entender por que criastes as mães.

Elas são verdadeira expressão de vosso coração.

O mundo seria terrivelmente triste sem elas, pois as mães ajudam a humanizá-lo!

Obrigado, Senhor, por minha mãe!

Ela é tudo de bom para mim.

Por mais que eu a ame, e a ela me dedique, terei sempre uma dívida impagável diante de tudo o que ela me proporcionou.

Abençoai minha mãe, Senhor!

E ajudai-me a ser o filho que ela deseja, pois alguém tão especial assim merece muito ser abençoada e feliz.

Amém!

10

Os dois caminhos

A Palavra de Deus iluminando a família

Meu filho, ouve e acolhe minhas palavras, e os anos de tua vida se multiplicarão.

Eu te mostrarei as vias da sabedoria e te conduzirei pelos caminhos da equidade: se entrares por eles, teus passos não se deterão; se correres, não encontrarás obstáculo.

Apega-te à disciplina e não a deixes!

Conserva-a porque ela é tua vida!

Não entres nos atalhos dos ímpios, não percorras o caminho dos maus.

Evita-o, não passes por ele; afasta-te e deixa-o de lado. Pois eles não dormem sem ter feito o mal; chegam a perder o sono se não fizerem alguém cair. Comem o pão que ganharam com a impiedade e bebem o vinho que é fruto da iniquidade.

A vereda dos justos é como luz esplêndida, que surge e cresce até tornar-se pleno dia.

> O caminho dos ímpios é tenebroso; não sabem onde irão tropeçar.
>
> *(Pv 4,10-19)*

LUZ SOBRE A FAMÍLIA

A vida é um leque imenso de possibilidades. O mundo é um turbilhão de novidades; uma grande feira a céu aberto em que se vendem, a um alto preço e, tantas vezes, quase de graça, mochilas pesadas de ilusões.

Costuma-se dizer que o mundo oferece caminhos demais. E para quem tem pressa de chegar, mesmo que não saiba para onde, ele oferece atalhos, alguns sem retorno e sem porto seguro; é por eles que muitos filhos se vão.

Esse panorama todo torna o mundo confuso, inseguro, perigoso. A bem da verdade, a palavra de Deus tem razão: tudo converge para dois caminhos, aquele que o justo percorre, por mais duro e exigente que possa ser; e aquele largo e espaçoso, que faz os ímpios e maus se perderem.

Sábios e santos são os pais que, por seu conteúdo de vida e pela graça de Deus, conseguem criar, educar e conservar seus filhos no caminho do bem, na vereda dos justos.

Sábio e feliz é o filho que põe seus pés neste caminho e segue por ele sem jamais se desviar. A paz, a luz e as bênçãos do alto jamais lhe faltarão.

Para refletir...

"O amor é o que de mais forte há no mundo; não é possível imaginar nada mais humilde."

(Mahatma Gandhi)

PRECE PELOS PAIS ANGUSTIADOS

Senhor e Pai, que vossas graças e bênçãos se derramem na vida e no coração de tantos pais angustiados por causa da dureza de coração de teus filhos.

Que vosso amor encontre uma entrada, por pequena que seja, na vida dos filhos que deixaram para trás a família e a Igreja e se tornaram frios e indiferentes, presos às drogas, sedentos do prazer sem limites, escravos da moda, vazios dos valores da vida, amigos de lobos vorazes, cegos à verdade que pode libertá-los.

Pai do céu, é triste demais ver um filho se perder! E já são milhões que estão "perdidos", e outros tantos que estão se perdendo.

Vinde, Senhor, em socorro dos pais, dos sacerdotes e catequistas, dos educadores, das lideranças jovens, para que se tornem juntos um "exército de salvação", uma legião de "anjos de resgate" em favor da juventude, os filhos de tantas famílias que já não sabem o que fazer.

Intervinde, Senhor, com vossa graça e vosso poder misericordioso.

Amém!

11

Bons conselhos

A Palavra de Deus iluminando a família

Tu também, meu filho, dá preferência a teus irmãos, e que teu coração não se ensoberbeça, fazendo-te desprezar teus irmãos, os filhos e as filhas de teu povo; escolhe por mulher uma dentre eles.

Pois o orgulho acarreta a ruína e muita inquietação; a ociosidade traz a pobreza e a penúria, porque a mãe da indigência é a ociosidade.

Se serves a Deus, serás recompensado. Sê vigilante, meu filho, em todas as tuas ações e mostra-te educado em todo o teu comportamento.

Não faças a ninguém o que não queres que te façam.

Dá de teu pão aos que têm fome, de tuas roupas aos que estão nus. Dá esmola de tudo o que tens em abundância e, ao dares a esmola, não haja tristeza em teus olhos.

(Tb 4,13.14b.15a-16)

LUZ SOBRE A FAMÍLIA

Há um ditado popular muito difundido quando se trata de aconselhar alguém: "Se conselho fosse bom, não seria dado".

Evidentemente, tal ditado não pode ser levado ao pé da letra.

Bons conselhos são úteis e necessários. Devemos ouvir as pessoas sensatas, equilibradas e iluminadas.

Um pai deve ser um bom conselheiro e a ele os filhos devem ouvir com carinho e atenção. Quantas pessoas já não encontraram ou reencontraram o fio condutor de sua vida a partir de um bom conselho e uma boa orientação?

Feliz o pai que tira de seu tesouro, ou seja, do conteúdo de vida, sábios conselhos e orientações seguras para seus filhos.

Bem-aventurado os filhos que não desprezam os conselhos de seus pais e que neles valorizam a experiência adquirida não apenas pelo acúmulo de anos, mas, sobretudo, pelos desafios enfrentados, pelas vitórias conquistadas em sua missão de viver bem o dom da paternidade. Filhos assim merecem as bênçãos do Senhor, e elas chegarão até sua vida invocadas pelas bênçãos cotidianas de seus pais: "Que o Senhor vos abençoe, meus filhos!"

- Você tem feito sua parcela de esforço para suavizar os conflitos de gerações, compreender seus pais e reconhecer o valor de seus ensinamentos?

Lembre-se: hoje você é filho(a). Amanhã, provavelmente, será pai ou mãe!

- Você que é filho qual valor tem dado a seus pais? A bagagem de vida deles e suas experiências contam de maneira positiva para você?

Para refletir...

"As lágrimas de um velho pai sempre têm razão!"

ORAÇÃO DO BOM CONSELHO

Senhor, oração de pai e mãe tem endereço certo: vosso coração de Pai.

Sim, Senhor! A oração dos pais reflete a vida e a dificuldade de sua missão. É uma oração banhada em lágrimas quando seus filhos não ouvem seus conselhos, quando esquecem a família para afundarem os passos nos caminhos enganosos do mundo ao se julgarem donos do próprio nariz e da vida. Tornam-se vítimas frágeis do mundo cruel que os espera para lhes roubar a dignidade, a pureza, a fé e a paz.

Ouvi, Senhor, a oração dos pais e das mães. Fortalecei-os na fé, na paciência e na ternura. Que o amor deles, junto com vosso sagrado amor, alcance-lhes a vitória de trazer para dentro do lar o filho pródigo que já vaga distante.

Dai, Senhor, aos pais e às mães a graça da palavra certa e do bom conselho, que lhes permita reabrir a porta do coração de seus filhos e nele estabelecer a ternura e a obediência que um bom filho deve ter. Assim seja, Senhor!

Amém!

12

A relação entre pai e filho

A Palavra de Deus iluminando a família

Escutai, ó filhos, a instrução de um pai e ficai atentos, para aprender a prudência: eu vos darei uma doutrina excelente, não abandoneis minha lei.

Eu também, para meu pai, portei-me como filho, por minha mãe acarinhado como filho único.

Ele me ensinava e dizia: "Teu coração acolha minhas palavras, guarda meus preceitos, e viverás. Adquire a sabedoria, adquire a prudência, não te esqueças das palavras de minha boca nem delas te afastes. Não abandones a sabedoria e ela te guardará; ama-a e ela te protegerá. Ela porá em tua cabeça um diadema de graça, e te cingirá com uma brilhante coroa".

(Pv 4,1-6.9)

LUZ SOBRE A FAMÍLIA

Ser pai e ser filho é bem mais que um papel definido, é uma graça que nos é dada com o dom da vida. É uma missão para aquele que gerou e para aquele que foi gerado.

Vivemos dias em que a presença do pai na vida do filho é cada vez mais diminuta: pais ausentes, indiferentes, sem ternura, sem história, sem doutrina, sem valores; pais que se multiplicam e se dividem para tudo, mas se subtraem dos filhos.

Qualquer dia desses teremos filhos beijando a TV ou o celular, em vez de beijarem seus pais. As tecnologias de hoje se especializaram em distanciar os que vivem sob o mesmo teto e aproximar os que estão do outro lado do mundo. Pais e filhos antenados, mas desconectados entre si.

Um bom pai traz de seu passado as verdades e os tesouros do tempo em que era filho. Um filho amado, hoje, com o calor do colo e recebendo um ensinamento que lhe é dado, muito mais por atitudes e experiências do que palavras, dificilmente deixará de ser um bom pai amanhã.

A sabedoria é dom de Deus, que se revela na missão de ser pai e deve ser comunicada aos filhos.

Para refletir...

**"Os frutos amadurecem graças ao sol;
os homens graças ao amor!"**

(Julius Langbehn)

PRECE DE UM FILHO PELO PAI

Querido Deus, aprendi cedo a chamar-vos de Pai.

Hoje, entendo que sou vosso filho e que meu filho é filho vosso também, porque todos os homens e todas as mulheres receberam de vós o dom de viver. Em vós, encontra-se nossa origem.

Em vós mergulharemos, quando na terra nossos dias conhecerem a finitude. Então, seremos eternos, contigo.

Obrigado, Senhor, porque me destes na terra alguém para chamar de Pai.

Não é alguém perfeito nem o mais sábio dos homens, mas sabe demonstrar amor para comigo, porque não mede seus sacrifícios para fazer sua vida girar em torno de mim.

Dá-lhe sempre a graça da saúde, da criatividade e da coragem para sustentar nosso lar com o pão sagrado de seu trabalho.

Ajudai-me a demonstrar meu amor para com ele, no acolhimento de seus sábios ensinamentos e na valorização de sua experiência de vida.

Abençoai meu pai, Senhor!

Amém!

13

Verdadeiro amor

A Palavra de Deus iluminando a família

Ora, o nascimento de Jesus Cristo foi assim: Maria, sua mãe, estava prometida em casamento a José e, antes de passarem a conviver, ela encontrou-se grávida pela ação do Espírito Santo.

José, seu esposo, sendo justo e não querendo denunciá-la publicamente, pensou em despedi-la em segredo. Mas, depois que lhe veio este pensamento, apareceu-lhe em sonho um anjo do Senhor, que lhe disse: "José, filho de Davi, não tenhas receio de receber Maria, tua esposa; o que nela foi gerado vem do Espírito Santo. Ela dará à luz um filho, e tu lhe porás o nome de Jesus, pois ela vai salvar seu povo de seus pecados".

Quando acordou, José fez conforme o anjo do Senhor tinha mandado e acolheu sua esposa. E, sem que antes tivessem mantido relações conjugais, ela deu à luz o filho. E ele lhe pôs o nome de Jesus.

(Mt 1,18-21.24-25)

LUZ SOBRE A FAMÍLIA

Não é de hoje que nos deparamos com notícias de maridos que juram ter matado por amor. Quem ama não mata, porque o amor não admite a morte para alguém e nenhuma forma extrema de humilhação.

Lendo a passagem bíblica anterior, até corremos o risco de não perceber o drama real e, porque não dizer, cruel, que se abate sobre a vida de José. O que será que você e eu teríamos feito no lugar dele?

Não teríamos deixado Maria aos cuidados da Lei para que fosse punida com o apedrejamento?

No meio desse drama todo, sobressai-se a grandeza de José. Ele é chamado de Justo; a isso podem acrescentar-se bom, compreensivo, temente a Deus. Ele colocou o amor para com a jovem Maria acima de todos os possíveis preconceitos, ressentimentos, julgamentos e, até mesmo, acima da Lei.

Por intermédio do anjo, Deus irrompe em sua história como já havia irrompido na história de Maria. E, a partir disso, José também diz seu SIM. Aceita Maria como sua esposa e honra com todos os deveres de esposo e pai, na total disponibilidade para Deus.

Por tudo isso, José permanece como modelo de homem, esposo, pai e cristão.

Para refletir...

"É somente isto que conta na vida: colocar a si mesmo em segundo plano." *(Ivan Turgeniev)*

ORAÇÃO DE ESPOSO E PAI

Senhor, eu sou esposo e pai. O amor me deu alguém especial para habitar meu coração e minha vida; desse mesmo amor recebi a graça da paternidade.

É uma experiência linda e uma difícil missão. Por isso vos peço: ajudai-me a ser um bom esposo, à semelhança de São José, o esposo de Maria.

Desejo ser um homem de fé, um esposo cheio de ternura, mansidão, capaz de dialogar, compreender, perdoar e de ser solidário com minha esposa na tarefa de orientar, educar, humanizar e edificar a vida de nossos filhos.

Que minha paternidade humana ajude meus filhos a compreenderem e acreditarem com toda força em vossa paternidade divina.

Dai-me, Senhor, a graça de um amor fiel e de um coração que não tenha receios de oferecer ternura.

Que eu seja um pai amigo e um amigo pai, alguém que coloque a esposa e os filhos acima de qualquer outro interesse deste mundo.

Acolhei, Senhor, esta minha prece!

Amém!

14

Amor de mãe

A Palavra de Deus iluminando a família

Naqueles dias saiu um decreto do imperador Augusto mandando fazer o recenseamento de toda a terra. Todos iam registrar-se, cada qual em sua cidade. Também José, que era da família e da descendência de Davi, subiu da cidade de Nazaré, na Galileia, à cidade de Davi, chamada Belém, na Judeia, para registrar-se com Maria, sua esposa, que estava grávida. Quando estavam ali, chegou o tempo do parto. Ela deu à luz seu filho primogênito, envolveu-o em faixas e deitou-o em uma manjedoura, porque não havia lugar para eles na hospedaria.

(Lc 2,1.3-7)

LUZ SOBRE A FAMÍLIA

Na iluminada história da Sag ·ada Família, outras incontáveis histórias de famílias já foram e continuam sendo iluminadas.

Aquele amor de Maria, esperando seu Filho, continua se perpetuando no amor maternal de uma infinidade de mulheres, cobertas também pela sombra do altíssimo, aliadas de Deus na geração da vida.

E, como Maria de Nazaré, as Marias de hoje: Tereza, Antônia, Juliana, Angélica, Regina... também sofrem por causa do preconceito, da pobreza, do desamparo, do descaso e da falta de acolhida, que marcam, desde cedo, os frutos benditos de seus ventres. E eu digo Marias de hoje, porque em cada mulher, que hoje dá à luz, independentemente de seu nome de batismo, há a figura de Maria.

Que em Maria, a Mãe que deu à luz em Belém, as mulheres de hoje e de amanhã encontrem o sentido divino de ser mãe.

Que em José, o homem justo, bom, trabalhador e fiel a Deus, os homens de hoje encontrem a inspiração e o modelo do homem e pai que devem ser para seus filhos.

Para refletir...

"Todos nascemos para o amor. O amor é o sentido de nossa vida e seu único objetivo."

(Benjamim Disraeli)

ORAÇÃO DAS GESTANTES

Senhor e Deus da vida!

Como é lindo ver uma mulher carregando um filho no ventre!

Em cada mulher grávida, a história de vosso Filho Jesus se repete: dificuldades, preconceitos, abandono, pobreza, falta de assistência. O drama de Maria de Nazaré continua se repetindo nas "Marias" que estão grávidas nos dias de hoje.

E um número incontável de gestantes, em nossos dias, não tem a graça de terem a seu lado um "José" cheio de fé, um esposo solícito e fiel. Para muitas "Marias" grávidas, hoje, a tentação do aborto acaba sendo maior que o amor pelo bendito fruto gerado em seu ventre. Tantas delas cedem e dão à morte o fruto, que clama por vida.

Vinde, Senhor, em socorro das gestantes de hoje, sejam pobres ou ricas, brancas ou pretas, cristãs ou não, e fortalecei em todas elas o amor pela vida que carregam. Que nada lhes faça ceder à tentação do aborto, por mais que sejam negadas, abandonadas e esquecidas. Ajudai-as a experimentar vossa mão de Pai providente, tocando-lhes os ombros, como uma presença amiga e forte. E, assim, com vossa graça, elas coloquem a vida que carregam no ventre acima de toda oferta de aborto, acima de qualquer preço e qualquer lei humana.

Amém!

15

As angústias dos pais

A Palavra de Deus iluminando a família

Todos os anos, os pais de Jesus iam a Jerusalém para a festa da Páscoa. Quando completou doze anos, eles foram para a festa, como de costume. Terminando os dias da festa, enquanto eles voltavam, Jesus ficou em Jerusalém, sem que seus pais o percebessem.

Pensando que se encontrasse na caravana, caminharam um dia inteiro. Começaram então a procurá-lo entre os parentes e conhecidos.

Mas, como não o encontraram, voltaram a Jerusalém, procurando-o. Depois de três dias, encontraram-no no templo, sentado entre os mestres, ouvindo-os e fazendo-lhes perguntas.

Todos aqueles que ouviam o menino ficavam maravilhados com sua inteligência e suas respostas.

Quando o viram, seus pais ficaram comovidos, e sua mãe lhe disse: "Filho, por que agiste assim conosco? Olha, teu pai e eu estávamos angustiados a tua procura"! Ele respondeu: "Por que me procuráveis? Não sabíeis que eu devo ocupar-me das coisas de meu Pai"?

Jesus desceu, então, com seus pais para Nazaré e era obediente a eles. Sua mãe guardava todas essas coisas no coração. E Jesus ia crescendo em sabedoria, tamanho e graça diante de Deus e dos homens.

(Lc 2,41-49.52)

LUZ SOBRE A FAMÍLIA

Que pai e mãe nunca sofreram momentos de angústia, uma vez ou outra na vida, por ter perdido um filho na multidão? E como é maravilhosa a alegria do reencontro! É claro que sobra espaço para lágrimas e para as pequenas ou grandes repreensões, porém a alegria supera tudo!

Em meio a tantas perdas, raptos e sequestros de crianças, muitas famílias ficam marcadas profundamente pela tristeza e, até mesmo, pelo desespero, por não conseguirem reencontrá-las. É uma dor que mais nada ou ninguém poderá preencher.

Felizmente, o menino Jesus foi reencontrado, o que pôs fim à aflição de José e de Maria. No reencontro, fica evidente o amor que move a vida do pai José, da mãe Maria em favor daquele filho tão especial.

Eles não podiam entender o mistério que envolvia a vida daquele menino que já descobria, aos doze anos, que devia ocupar-se das coisas de Deus. José e Maria guardavam no coração tudo o que vislumbravam desse mistério.

Ele, o Filho Jesus, voltou para a simplicidade de Nazaré, para sua casa e para aquela carpintaria, onde seu pai adotivo, São José, ganhava o sustento da família. Lá crescia em estatura, sabedoria e graça e era obediente a seus pais. E seu jeito de ser filho e de viver tornou-se um exemplo luminoso para os filhos de todos os tempos, todas as raças e línguas.

Para refletir...

"O amor é o caminho de Deus para os homens e o caminho dos homens para Deus!"

(Johann Von Kastl)

ORAÇÃO PARA QUEM BUSCA UM FILHO

Pai do céu, todos os dias chega a vosso coração uma multidão de preces feitas em clamores e lágrimas.

Elas partem dos corações aflitos de pais e mães que esperam a volta de algum filho que lhe foi roubado ou que simplesmente desapareceu.

É o drama de Maria e de José em tantos casais de hoje.

Escutai, Senhor, estas preces de aflição e também de esperança!

Que de vosso coração de Pai venha o consolo e a força para esses pais e essas mães que buscam encontrar seus filhos!

Que eles tenham apoio humano da justiça, a solidariedade da Igreja e das pessoas amigas.

Que o drama que eles vivem nunca seja maior do que a fé e a esperança que alimentam suas buscas.

Dai-lhes, Senhor, assim como destes a Maria e José, a graça do reencontro feliz com o(a) filho(a) que lhes foi tirado dos braços ou de dentro do lar.

Amém!

16

O melhor vinho

A Palavra de Deus iluminando a família

No terceiro dia, houve um casamento em Caná da Galileia, e a mãe de Jesus estava lá. Também Jesus e seus discípulos foram convidados para o casamento. Faltando vinho, a mãe de Jesus lhe disse: "Eles não têm mais vinho"! Jesus lhe respondeu: "Que é isto para ti e para mim, mulher? Minha hora ainda não chegou".

Sua mãe disse aos que estavam servindo: "Fazei tudo o que Ele vos disser!"

Estavam ali seis talhas de pedra, de quase cem litros cada, destinadas às purificações rituais dos judeus.

Jesus disse aos que estavam servindo: "Enchei as talhas de água". Eles as encheram até a borda. Então disse: "Agora tirai e levai ao encarregado da festa". E eles levaram. O encarregado da festa provou a água mudada em vinho, sem saber de onde vinha, embora os serventes que tiraram a água o soubessem. Então chamou o noivo e disse-lhe: "Todo mundo serve primeiro o vinho bom e, quando os convidados já beberam bastante, serve o menos bom. Tu guardaste o vinho bom até agora".

(Jo 2,1-10)

LUZ SOBRE A FAMÍLIA

O milagre da água transformada em vinho, no casamento de Caná, além de projetar o nome de Jesus no contexto judaico, embora sua hora ainda não tivesse chegado, é riquíssimo de significado teológico que, obviamente, não é possível esclarecer nesta breve reflexão.

De minha parte não seria exagerado afirmar que esse milagre tem tudo a ver com a vida do esposo e da esposa, por ser um milagre possível e, cada vez mais, necessário na vida a dois.

Transformar água em vinho pode significar transformar as situações: a desconfiança em confiança, a indiferença em atenção e solicitude, a frieza em ternura, o fechamento em diálogo, as ofensas em perdão, as palavras em gestos, o descompromisso em corresponsabilidade.

Quando isso acontece, o casamento que parecia uma "água" qualquer se transforma em vinho bom, saboroso, capaz de encher de felicidade a vida do casal e de toda a família.

É muito temeroso quando os cônjuges esquecem a fórmula dessa transformação, ou quando, em vez de oferecer o vinho melhor um ao outro, contentam-se em oferecer apenas "água" e, quando muito, vinho azedo.

É urgente que vocês não deixem nunca de transformar água em vinho, e de fazer do casamento uma festa sem dia determinado para acabar.

Para refletir...

"Quisesse alguém dar tudo o que tem para comprar o amor... seria tratado com desprezo." *(Ct 8,7)*

ORAÇÃO DO MILAGRE

Ó Deus, fonte do amor, transformai o coração do homem e ajudai o coração transformado a realizar verdadeiros milagres dentro da realidade humana, especialmente na vida dos casais que apostaram tudo no amor.

Que as graças e bênçãos necessárias para o milagre de se transformar água em vinho sejam derramadas por vós e que o amor entre os casais seja a efetiva colaboração com vosso divino poder.

Que, dentro de cada lar, marido e mulher descubram que a única fórmula para restaurar a vida a dois é o amor e que, sem esse indispensável ingrediente, a vida esvazia-se da alegria e torna-se um fardo pesado. A fidelidade cede lugar à busca de outro alguém.

O diálogo sucumbe diante das ofensas, e a felicidade muda de endereço.

O lar começa a ruir, e a amargura se aninha nos corações dos que o habitam.

Volvei, Senhor, vosso olhar sobre os casais que necessitam, com urgência, aprender de novo a fazer o milagre de transformar a "água velha" que oferecem um ao outro em vinho novo e saboroso, para o bem espiritual e felicidade de toda a família.

Que, em todos os lares edificados sobre a rocha do amor, aconteça, a cada dia, uma bodas de Caná!

Amém!

17

Construir sobre a rocha

A Palavra de Deus iluminando a família

Portanto, quem ouve estas minhas palavras e as põe em prática é como um homem sensato, que construiu sua casa sobre a rocha.

Caiu a chuva, vieram as enchentes, os ventos deram contra a casa, mas a casa não desabou, porque estava construída sobre a rocha.

Por outro lado, quem ouve estas minhas palavras e não as põe em prática é como um homem sem juízo, que construiu sua casa sobre a areia. Caiu a chuva, vieram as enchentes, os ventos sopraram e deram contra a casa, e ela desabou, e grande foi sua ruína.

(Mt 7,24-27)

LUZ SOBRE A FAMÍLIA

Entendemos de edificar casas, torres, edifícios. De fato, é bem mais fácil edificar tudo isso do que edificar a vida.

Uma casa edificada sobre um alicerce podre coloca em risco a vida de seus moradores. Embora não vejamos o alicerce, ele deve estar lá, por ser mais indispensável que outro detalhe da construção.

A vida a dois, de esposo e esposa, necessita ser edificada cuidadosamente. O alicerce é o amor, que dá sustento a outras e muitas pedras preciosas: a confiança, o diálogo, compreensão, o companheirismo, a fé, a esperança, a fidelidade, a paciência e o perdão. Sem o amor, nada disso pode subsistir!

Quando um casal edifica a vida sobre a rocha do amor, é possível suportar tempestades, enchentes e vendavais. No amor, marido e mulher se tornam maiores e mais fortes que todas as crises e todos os desafios. Edificam um lar abençoado. Envelhecem juntos e nunca deixam de sentir que valeu a pena terem apostado tudo no amor.

E, são felizes, porque o amor não decepciona!

Para refletir...

"Todo o universo obedece à lei do amor: amém, amém; o resto é nada."

(Jean de La Fontaine)

ORAÇÃO PARA EDIFICAR UM LAR

Senhor e Pai, todos os dias, há lares que começam a ser edificados e lares que caem em completa ruína.

Há casais que constroem palacetes, mas não edificam o verdadeiro lar. Erguem paredes de alvenaria, colunas de concreto, mas faltam o amor e a fé. Sobram-lhes dinheiro e prestígio social, mas falta-lhes o alicerce principal. Eis um lar que construído sobre a areia produz seus próprios vendavais: desconfiança, infidelidade, brigas, ofensas, descrença, solidão, depressão...

Pai de amor, é triste demais ver o fim de um casamento e o naufrágio de uma família.

Por isso, Senhor, derramai vossas bênçãos sobre os casais que agora começam a edificar um lar, para que não caiam na tentação de lançar outro alicerce que não seja o amor, e tão somente o amor.

Abençoai também, Senhor, os casais que erraram no alicerce e cujos lares e cujas famílias estão caindo por terra, para que descubram que ainda pode ser tempo de recomeçar, reacender a luz da fé, reaquecer o amor original e, dele, fazer a única e indispensável rocha, sobre a qual se pode edificar o lar da vida a dois e acolher os filhos que o amor lhes der, na segurança de um lar abençoado e feliz.

Amém!

18

Fazer a diferença

A Palavra de Deus iluminando a família

Vós sois o sal da terra. Ora, se o sal perde seu sabor, que se salgará? Não servirá para mais nada, se não para ser jogado fora e pisado pelas pessoas. Vós sois a luz do mundo. Uma cidade construída sobre a montanha não fica escondida. Não se acende uma lâmpada para colocá-la debaixo de uma caixa, mas sim no candelabro, onde ela brilha para todos que estão em casa. Assim também brilhe vossa luz diante das pessoas, para que vejam vossas boas obras e louvem o vosso pai, que está nos céus.

(Mt 5,13-16)

Ser sal da terra e luz do mundo é, na verdade, missão de todo cristão e, de modo urgente e especialíssimo, do esposo e da esposa, em reciprocidade.

O que significa ser sal? É ser uma presença amorosa, companhia solidária, mãos estendidas, braços abertos, coração escancarado, colo sempre pronto, presença que ajuda a preencher de sentido a vida daquela pessoa que o amor elegeu como cônjuge, cara metade, complemento valioso para se desposar a felicidade.

Quando os esposos vivem em profundidade, cada qual oferecendo sua parcela de "sal", a vida a dois se torna um lugar maravilhoso de se viver.

Ser luz, na vida a dois, é o exercício da graça de ser fiel ao amor, cada qual se preocupando em fazer o outro mais feliz que a si mesmo. O esposo-luz não tem nada a esconder. É transparente, verdadeiro, fiel ao amor de sua amada. Nos olhos dele, a esposa pode ver sua própria alma envolta em uma aura de felicidade.

Isso também se pode dizer da esposa-luz. Cada um se beneficia da luz do outro, e a luz de ambos torna o lar iluminado, cheio de fé e abençoado pelo amor.

Para refletir...

"Amar não é olhar nos olhos um do outro, mas olharem juntos na mesma direção."

(Antoine de Saint-Exupéry)

ORAÇÃO PARA SER SAL E LUZ

Senhor Deus, sois verdadeiramente o amor em contínua ação para que a vida dos casais que se amam seja cheia de sentido e felicidade. Vida sem amor não tem sentido, nem sabor nem brilho.

Encontrar alguém que nos faça feliz é descobrir nele a porção de sal e luz que deixa nossa vida mais bonita e mais feliz; que desaloja nossa solidão e povoa nossa existência de companhia; que nos enriquece com sua criatividade, sua força, ternura e fé; que despede nossa tristeza, afugenta nossos medos, segue o caminho conosco, ombro a ombro, como se fosse um anjo companheiro em todos os momentos, especialmente nos mais difíceis e decisivos.

Alguém é metade da gente!

Abençoai, Senhor, todos os casais, para que sejam na vida um do outro uma verdadeira presença de sal e luz, sigam olhando na mesma direção e apostando absolutamente tudo no amor e ofereçam o melhor de si mesmos em benefício da vida a dois e da família.

Amém!

19

O amor tudo suporta

A Palavra de Deus iluminando a família

Mulheres, sede submissas a vossos maridos, como convém ao Senhor. Maridos, amai vossas esposas e não sejais ásperos com elas.

Filhos, obedecei em tudo a vossos pais, pois isso agrada ao Senhor. Pais, não irriteis vossos filhos, para que eles não percam o ânimo.

Perseverai na oração, mantendo-vos, por ela, vigilantes na ação de graças.

(Cl 3,18-21; 4,2)

LUZ SOBRE A FAMÍLIA

Parece absurdo falar de mulheres submissas a seus maridos em mundo pós-moderno, em que a mulher já derrubou tantas barreiras, tantos tabus, tantos preconceitos e alcançou com êxito a conquista de grande parte do mercado de trabalho nas mais inusitadas profissões.

O conceito de "lugar de mulher é na cozinha" já não vigora mais.

Como, pois, entender a submissão, como convém ao Senhor? A única forma de entendê-la é por meio da ótica do amor. Sim, o amor é uma força libertadora, que transforma, constrói e solidifica.

Quando há amor entre marido e mulher, a submissão, no sentido escravizante e instrumentalizador, deixa de existir. Amando-se mutuamente, homem e mulher tornam-se "livremente submissos" um ao outro, sem o senhorio de um sobre o outro. É uma submissão na dimensão do respeito, da fidelidade, da mútua ajuda; no cuidado que cada um tem com a imagem do outro; na divisão das dores, alegrias e responsabilidades; na participação recíproca das decisões a serem tomadas e dos passos a serem empreendidos. É uma livre submissão!

Para se chegar à conquista desse estado de graça, o mais importante e imprescindível é o amor. A oração converte-se em alimento para a fé e transforma a vida pessoal e familiar em uma constante ação de graças a Deus.

Para refletir...

"A grandeza de uma alma se mede por seu amor!"

(Bernardo de Claraval)

ORAÇÃO DOS CORAÇÕES LIVRES

Pai do céu, o amor nunca oferece algemas e correntes, porque é uma força libertadora. Não toma posse de nada e de ninguém. Não é exclusivo nem excludente. Faz dos corações livres sua morada predileta e anseia por libertar todas as vidas de todo fardo escravizante.

O amor confere ao ser que ama e é amado uma felicidade que já é antecipação do paraíso, dentro da finitude humana.

Abençoai, Senhor, todos os casais com a graça de uma melhor compreensão do amor, a fim de que possam viver sem nenhuma submissão, sem sentimento de posse e sem transformar um ao outro em objeto de prazer ou de qualquer outra forma. E, assim, libertos, marido e mulher, sejam capazes de se amarem com todas as forças e de assumirem, sem medo, as exigências do amor.

Amém!

20

Honrar pai e mãe

A Palavra de Deus iluminando a família

Filhos, obedecei a vossos pais, no Senhor, pois isso é de justiça. "Honra teu pai e tua mãe, este é o primeiro mandamento que vem acompanhado de uma promessa: a fim de que sejas feliz e tenhas vida longa sobre a terra."

E vós, pais, não provoqueis revolta em vossos filhos, antes, educai-os com uma pedagogia inspirada no Senhor.

(Ef 6,1-4)

Na escola da vida, os pais podem até saber um pouco mais que os filhos e são responsáveis por eles, mas a vida é escola para ambos.

Honrar pai e mãe não é um mandamento excessivo, imposto, extenuante e escravizador, é de justiça, ou seja, é justo e agradável aos olhos de Deus que os filhos honrem o pai e a mãe; tão agradável que traz consigo uma promessa maravilhosa: felicidade e vida longa.

E a felicidade é para um filho a colheita farta das boas sementes que os pais semearam desde os primeiros anos em seu misterioso e fértil coração. E para um pai e uma mãe a felicidade dos filhos é também uma colheita abençoada por terem sido capazes de educá-los com uma pedagogia inspirada no Senhor, a qual propõe o amor como resposta da vida, a liberdade oferecida e exigida com responsabilidade, a humildade como superação do orgulho desmedido, a capacidade de doar e servir em lugar do egoísmo, a fé compromissada em lugar da indiferença.

Pais felizes sentem que valeu a pena ter gerado e consumido a vida em favor de seus frutos. Agora, o poente da existência humana lhes presenteia com a bênção de um lar que é expressão da família mais sagrada, que o mundo já conheceu: a de Nazaré.

Filhos felizes e serenos não alimentam revoltas, porque encontraram em seus pais a justa medida dos valores, das virtudes e do conteúdo de vida que lhes possibilitaram crescer com os pés na terra e o coração centrado em Deus.

Para refletir...

"Órfão não é quem perdeu pai e mãe, mas quem não amou!" *(Friedrcih Ruchert)*

ORAÇÃO DE LOUVOR PELA FAMÍLIA

Louvado sejais, meu Senhor e Pai, pela família da qual sou parte, pelo lar que me acolhe e me protege, pela mesa na qual celebramos, unidos, a versão doméstica da Eucaristia, repartindo com igualdade e alegria o pão nosso que vos pedimos em prece e que chega a nós como fruto bendito do suor e do trabalho, sobretudo como dom de vossa inesgotável providência.

Louvado sejais, Senhor, pela família, a base da sociedade, embora muitos não reconheçam seu valor e apostem em seu declínio e sua extinção.

Ajudai-nos a crer que ela jamais acabará, porque foi criada para ser espelho de vossa perfeita comunhão, porque sois família, Senhor!

Louvado sejais, Senhor, pelos pais, pelas mães, pelos filhos, pelos vovôs, pelas vovós e por todos os parentes. Unidos pelos laços do sangue e do amor, todos experimentam a graça de ser e ter família.

Louvado sejais, Senhor!

Amém!

21

Esposas que rezam

A Palavra de Deus iluminando a família

Da mesma forma, mulheres, sede submissas a vossos maridos, para que os que ainda não dão ouvidos à palavra sejam conquistados pelo comportamento de suas esposas, mesmo sem discursos, pois hão de observar vossa conduta casta no amor.

Vosso adorno não consista em coisas externas, tais como cabelos trançados, joias de ouro, vestidos luxuosos, mas na personalidade que se esconde em vosso coração, marcada pela estabilidade de um espírito suave e sereno, coisa preciosa diante de Deus. Era assim que se adornavam, outrora, as santas mulheres, que colocavam sua esperança em Deus.

(1Pd 3,1-5)

LUZ SOBRE A FAMÍLIA

Imensa é a responsabilidade da mulher dentro do lar, não só no campo material e no trabalho, mas no sentido espiritual.

Uma esposa que teme a Deus e coloca nele sua esperança torna-se coluna e esteio da casa. Ela sabe fazer de seus joelhos dobrados diante de Deus as colunas poderosas que, pela força de suas preces, mantêm o lar de pé. E seu conteúdo de vida passa a ter uma força enorme, capaz de até conquistar para Deus o coração descrente e indiferente de seu esposo.

Há muitos lares cujos membros podem ainda ser chamados de família por causa da esposa que carrega, em sua maternidade, o dom de unir, despertar o amor, provocar o perdão. Uma esposa assim é uma preciosidade aos olhos de Deus, uma joia rara que enriquece o lar, um anjo de luz que traz o céu para dentro de casa.

Para refletir...

"O amor é o único passaporte válido para a eternidade!" *(François Pavreau)*

ORAÇÃO DA ESPOSA PELO ESPOSO

Meu Senhor e meu Deus, rendo-vos louvores pelas incontáveis graças que tendes me oferecido: Destes-me o privilégio de ter desposado um homem bom, trabalhador, honesto, sensível, fiel, companheiro em todas as horas, cheio de vosso temor. É meu esposo, metade de mim, alguém especial!

Sem ele eu seria bem menos feliz do que sou. Sua presença, a meu lado e dentro de nosso lar, inspira confiança, segurança e proteção.

Ajudai-me, Senhor, a corresponder à altura o amor que ele tem para comigo.

Quero encher seus dias de alegria, sendo para ele sal e luz na justa medida.

Conservai-o junto de mim e abençoai-nos, para que nada e ninguém destrua nosso lar, edificado sobre a rocha.

E, assim, na fidelidade ao amor, que nos uniu, bebamos juntos o vinho bom da felicidade, até o dia em que quiserdes nos levar para junto de vós, fonte sagrada do Eterno amor.

Amém!

22

Maridos que rezam

A Palavra de Deus iluminando a família

De igual modo, vós, os maridos, convivei de modo sensato com vossas mulheres, tratando-as com respeito por sua constituição mais delicada e por elas serem, como vós, herdeiras da graça da vida. Isso, para que vossas preces não encontrem obstáculos.

(1Pd 3,7)

LUZ SOBRE A FAMÍLIA

Conviver é viver com uma doença, a solidão, a alegria, a saudade, a tristeza e, especialmente, com alguém.

Ao esposo cabe conviver com a esposa e vice-versa, de modo sensato, respeitoso, responsável, solidário, amoroso. Conviver assim gera um ambiente de harmonia e paz, o qual derruba por terra todos os obstáculos que podem impedir as preces de chegarem a Deus.

Quando se convive com amor, a vida se torna aberta, leve, cheia de sentido, direcionada para Deus.

Conviver sem amor provoca curto-circuito e torna a vida a dois um fardo insuportável de ser carregado, uma dor aguda que fere a alma, uma solidão acompanhada que machuca bem mais que a solidão desacompanhada.

Conviver com amor é mais que segredo e arte, é graça imensa, uma bem-aventurança que o próprio amor oferece aos casais que, acima de tudo, buscam conviver assim.

Para refletir...

"Por meio do amor, chega-se à maior bem-aventurança que há no mundo!" *(Platão)*

ORAÇÃO DO BOM ESPOSO

Senhor meu Deus, sou um homem que procura entender e viver a grandiosa missão de ser esposo e pai. E confesso que não é nada fácil!

Por isso busco vossas bênçãos e graças para ser um bom esposo, pois fracassar no amor é expor a vida e a família ao tormento de uma existência infeliz.

Ajudai-me, Senhor, a compreender melhor minha esposa, a perdoar-lhe sempre e a ser solidário na missão de educar nossos filhos no amor e na fé.

Libertai meu coração do machismo histórico de considerar a mulher um sexo inferior ou uma força de trabalho em benefício do homem.

Dai-me a sensibilidade necessária para demonstrar minha ternura e o reconhecimento de sua imensa importância na felicidade que sinto. Desejo ser o esposo que ela merece e o melhor pai de que nossos filhos necessitam.

Senhor e Pai, essa é minha prece de esposo, que ela chegue até vosso coração!

Amém!

23

Deveres do esposo

A Palavra de Deus iluminando a família

Cumpra o marido seu dever conjugal para com a esposa, e a esposa, do mesmo modo, para com o marido.

Não é a mulher que dispõe de seu corpo, mas seu marido.

Do mesmo modo, não é o marido que dispõe de seu corpo, mas sua mulher.

Não vos recuseis um ao outro, a não ser de comum acordo e por algum tempo, para vos entregardes à oração. Voltai depois à convivência normal, para que satanás não vos tente, por falta de domínio próprio.

(1Cor 7,3-5)

Deveres do esposo, deveres da esposa não são entendidos como meras obrigações, pois encontram motivação na exigência de serem um do outro e para o outro. Isso significa fidelidade a uma promessa feita diante do altar de Deus: darem-se e se receberem com recíproca gratuidade.

Assim diz o Cântico dos Cânticos: "Eu sou de meu amado e meu amado é meu". E assim se pode acrescentar: corpo e alma. Já não há reservas! Não precisa que o marido reivindique esse direito, nem a esposa necessita fazê-lo.

Ambos devem experimentar a felicidade e o santo prazer de dispor do corpo um do outro, entregando-se livremente, com amor e com respeito a uma relação que não busca fazer do corpo a mesa, mas fazer do coração o altar, em que o sexo acontece como consequência do amor, celebrando, juntos, a vida.

Fugir disso, negar-se um ao outro, julgar que se pode dispor do próprio corpo é expor o marido ou a mulher a sérios riscos de tentações e de carências, que podem levar um ou outro a quedas ou infidelidades por falta de domínio próprio.

Isso seria pecar contra uma promessa assumida e contra o amor que, entre os esposos, alimenta e é também alimentado por esse se dar e receber.

Para refletir...

"Quanto mais amamos e nos doamos, mais nossa vida adquire sentido e valor." *(Hermann Hesse)*

ORAÇÃO DA RECIPROCIDADE

Louvado sejais, Senhor Deus, por terdes concedido aos corações do homem e da mulher se descobrirem, como se fossem duas lindas cartas de amor, uma enviada ao endereço do outro. E, ao se descobrirem, escolherem viver no mesmo endereço, com um sentimento de mútua pertença. Duas vidas que já não são mais as mesmas. Dois corações que se tornam UM. Duas almas unificadas. Horizontes que se tornam comuns, e passos que buscam a mesma direção. Só o amor é capaz de fazer tantas transformações e realizar tamanho milagre. Bendito e indispensável amor!

Derramai vossas bênçãos, ó Deus amado, sobre todos os casais, para que vivam sempre as bem-aventuranças do amor. Que eles sejam capazes de amar para além dos limites do corpo e se santificar na graça de um amor sem reservas, cuja força divina quebra as correntes e algemas que as imperfeições humanas produzem.

Que na esposa tudo seja para seu esposo e dele tudo seja para ela, o melhor que cada um possa oferecer de si ao outro.

Derramai, Senhor, sobre todos os casais, hoje e sempre, as bênçãos do amor!

Amém!

24

O amor do esposo

A Palavra de Deus iluminando a família

Maridos, amai vossas mulheres, como Cristo amou a Igreja e se entregou por ela, a fim de santificar, pela palavra, aquela que ele purifica pelo banho da água. Pois ele quis apresentá-la a si mesmo toda bela, sem mancha nem ruga ou qualquer reparo, santa e sem defeito. É assim que os maridos devem amar suas esposas, como amam seu próprio corpo. Aquele que ama sua esposa está amando a si mesmo.

Ninguém jamais odiou sua própria carne. Pelo contrário, alimenta-a e a cerca de cuidado, como Cristo faz com a Igreja, pois nós somos membros do seu corpo! "Por isso homem deixará seu pai e sua mãe e se unirá à sua mulher, e os dois serão uma só carne." Em suma, cada um de vós também ame sua esposa como a si mesmo, e que a esposa tenha respeito por seu marido.

(Ef 5,25-31.33)

São estreitos os laços do amor, no entanto não aprisionam nem escravizam; têm força libertadora!

Os maridos são convidados pelo próprio Deus a amarem suas esposas com um amor único, tão forte e tão puro que seja semelhante ao de Cristo pela Igreja, isto é, até o fim e até as últimas consequências.

"Aquele que ama sua esposa está amando a si mesmo." E, de fato, é assim! Quando duas pessoas se amam de verdade, as alegrias e dores são sentidas em reciprocidade, ou seja, quando o esposo fere de alguma forma a esposa, sente que fica também profundamente ferido. Um não pode roubar a paz do outro sem perder a própria paz. O amor leva à descoberta deste sentimento: amar para valer o esposo ou a esposa é, na verdade, amar a si mesmo.

Marido e mulher não se tornam apenas complemento, e sim uma extensão um do outro a ser totalmente percorrida e sempre revitalizada pelo amor. Sendo assim, não é possível amar em circuito fechado.

Para o marido, amar a esposa como a si mesmo significa amá-la como ele gostaria de ser amado. O mesmo mandamento é plenamente válido também para a esposa. É a regra de ouro da vida a dois.

Para refletir...

"A lei do amor, mais que um mandamento, é um convite à felicidade." *(Hermann Hesse)*

PRECE DO ESPOSO PELA ESPOSA

Senhor e Pai, com este meu jeito de quem não sabe rezar muito, elevo a vós minha prece de esposo, em humilde agradecimento pela esposa que me destes.

Ela é alguém especial: mãe, companheira, amiga, cheia de ternura, corajosa e cheia de fé.

A soma de suas virtudes suplanta em muito seus pouquíssimos defeitos.

Obrigado, Senhor, por terdes enriquecido meu ser com a presença tão valiosa de minha esposa em minha vida.

Sou um esposo feliz e pai de filhos igualmente felizes que, como eu, dependem tanto desse anjo que nos destes.

Ajudai-me a ser sempre fiel, um esposo que se preocupa em fazê-la mais feliz que a mim mesmo, pois é próprio do amor doar mais que receber.

Abençoai, ó Deus, minha esposa e conservai-a a meu lado por dias sem-fim.

Amém!

ÍNDICE